YSTÄVINÄ YHDESSÄ

Patelle ja Jaskalle

Pilvi Valtonen

Ystävinä yhdessä

Teksti: Pilvi Valtonen
Kannen kuva: Pilvi Valtonen

Alfred Kordelinin säätiön Lappeenrannan rahasto on tukenut
tämän kirjan sekä Ystävinä yhdessä -loruleikin syntymistä.

Kustantaja: Books on Demand GmbH, Helsinki, Suomi
Valmistaja: Books on Demand GmbH, Norderstedt, Saksa
ISBN: 978-952-339-603-6

Hei!

Ystävyys on ihana asia.

Se kutittaa vatsanpohjassa ja saa hymyn huulille.

Ystävän kanssa voi tehdä monia mukavia asioita.

Niistä kerrotaan tässä kirjassa.

Kuka on Sinun ystäväsi?

Kenelle Sinä voisit olla ystävä?

Ystävyys -terveisin

Pilvi

TÄSSÄ ON...NELJÄ LORUA YSTÄVYYDESTÄ

Tässä on tuskastunut särki,
jolta melkein loppuu järki.
Palapeliä yksin ei valmiiksi saa,
kaikki kaverit kutsuu auttamaan.
Kamuja saapuu kolmekymmentäkuusi.
Kukin palasen laittaa, peli on kuin uusi.
Sellainen on helpottunut särki,
yhdessä ystävillä riitti järki.

Tässä on krokotiili,
jonka bestis on siili.
Toinen iso ja toinen pieni,
tapaamispaikkana kärpässieni.
Krokon nahka siilin piikit kestää,
ei ystävyyttä voi mikään estää!
Sellainen on onnekas krokotiili,
jonka paras ystävä on siili.

Tässä on hyvin hiljainen naakka,

jolle ujous on valtava taakka.

Uskalla ei leikkiin sännätä mukaan,

liikaa jännittää, vaikka ei kiusaa kukaan.

Rohkeutta kerää ja yllättää,

varovasti mukaan lennähtää.

Sellainen on leikkisä, iloinen naakka,

jolle ujous on taakse jäänyt taakka.

Lisää hauskoja loruja löydät kirjasta

Tässä on... 60 eläinlorua (BoD 2017).

YSTÄVYYS-TAPUTUKSET

Taputtakaa yhdessä rytmikkäästi jokainen taputus neljä kertaa. Sanokaa samalla tavuttaen ys-tä-vyys.

TAPUTTAKAA ISTUEN:

kädet yhteen

käsillä polviin

käsillä vatsaan

käsillä polviin – käsillä vatsaan – kädet yhteen

TAPUTTAKAA SEISTEN:

käsillä polviin – käsillä vatsaan – kädet yhteen

kädet yhteen alhaalla – kädet yhteen vatsan edessä – kädet yhteen ylhäällä pään päällä

kädet 2 x vatsan edessä yhteen (ys-tä)

kädet 1 x selän takana yhteen (vyys)

YSTÄVYYS ON...

Ystävyys on kuin viisas ukki,

lahjakas kuin joulupukki

riidat kaikki ratkomaan,

ilkeydet pois katkomaan,

hiljentämään rumat sanat,

opettamaan kauniit tavat.

Ystävyys on kuin kultakala,

täytekakkua suuri pala.

Se saa elämän maistumaan,

herkulliseksi paistumaan.

Sitä kaksin käsin saa syliin kahmia,

jättiläiskauhalla sydämeen ahmia.

Ystävyys on kuin timantti suuri,

mahtava kuin Kiinan muuri.

Se harmin ja pahan mielen poistaa,

sen valo kirkkaimpana loistaa.

Ystävyyttä ostaa ei voi mistään puodista,

ei ystävyys koskaan mene pois muodista!

YKSI MUISKAUSRUNO

Kuuluu "Röh",

kuuluu "Pöh".

Kuuluu "Röh, röh",

kuuluu "No höh".

Näkyy jotain kuraista,

näkyy vaaleanpunaista.

Kuuluu pieni kuiskaus,

kuuluu kunnon muiskaus.

Possut pussaavat!

TOINEN MUISKAUSRUNO

Huomata voi hellyyden huisketta.

Tuntea voi tunteiden tuisketta.

Kuunnella voi ihastuksen kuisketta.

Katsella voi rakkauden muisketta.

"Muu, muu muu."

"Muu, huh huu."

"Rakastan sinua. I love you."

"Niin minäkin sinua. Same to you."

Kun on kahdeksan sorkkaa ja täysikuu,

niin lehmä lehmään rakastuu.

YSTÄVYYS-HYPYT

Hypätkää yhdessä rytmikkäästi jokainen hyppy neljä kertaa.
Sanokaa samalla tavuttaen ys-tä-vyys.

HYPÄTKÄÄ:

tasajalkaa

oikealla jalalla

vasemmalla jalalla

Viimeiseksi on superystävien superhypyn aika:

hypätkää oikealla jalalla (ys)

hypätkää vasemmalla jalalla (tä)

ja hypätkää tasajalkaa (vyys)

Taputtakaa lopuksi hienolle suoritukselle!

LORULEIKKI: YSTÄVINÄ YHDESSÄ

Ystävinä yhdessä on toiminnallinen loruleikki.
Se kertoo ystävyydestä. Miten ystävän löytää?
Kuka voi olla ystävä? Mitä ystävän kanssa voi
tehdä? Voivatko ystävät riidellä?

Leikin alkuosa on perinteinen, aikuinen lukee ja
lapsi kuuntelee.
Kun tulee vuodenaikojen vuoro, on aika leikkiä.
Käykää kaikki vuodenajat kaksi kertaa läpi
(2 x kesä, 2 x syksy, 2 x talvi, 2 x kevät).
Toisto tekee liikkeet tutummiksi ja helpottaa
leikkimistä.
Leikissä on myös kohta, jolloin saa käyttää
ääntä. Ystävyys ansaitsee riemukkaan huudon.
Leikki loppuu rauhoittavaan halaukseen.

MISTÄ LÖYTÄÄ VOI YSTÄVÄN
SUUKON JA HALAUKSEN KESTÄVÄN?
MIKÄ YSTÄVIÄ YHDISTÄÄ,
SAA KÄDEN KÄTEEN LIITTÄMÄÄN?

PIDÄ SILMÄT, NENÄ JA KORVAT AUKI,
MIELI AVOINNA, ELÄMÄSTÄ NAUTI.
NIIN SAAT VARMASTI YSTÄVÄN OMAN,
HUPSUN, KARVAISEN TAI SOMAN.

VOI PORKKANAN YSTÄVÄ OLLA NAURIS,
TAI JÄNIKSEN KAVERI METSÄKAURIS.
ON RADION YSTÄVÄ TELKKARI
JA SUKLAAKONVEHDIN MERKKARI.

PURJEHTIJAN SUOSIKKISEURAA ON TUULI,

HERRA AASIN TOVERINA ROUVA MUULI.

HIIHTÄJÄLLE KAVERI ON LIUKAS KELI,

ISOSISKOLLE ILOA TUO PIKKUVELI.

YSTÄVÄN KANSSA VOI RIEMUITA,

ILOITA, LAULAA,

SURUN HETKELLÄ KÄDET

KIERTÄÄ KAULAAN.

YSTÄVYYS KESTÄÄ YMPÄRI VUODEN,

ONNELLISUUTTA JA ILOA TUODEN.

KESÄ

VOI KESÄLLÄ YHDESSÄ JÄTSKIÄ SYÖDÄ

Pidä jäätelöä kädessä ja nuolaise sitä.

TAI VIHERIÖLLÄ GOLF-PALLOA LYÖDÄ

Käänny sivuttain, ota mailasta kahdella kädellä
kiinni ja lyö golf-pallo pitkälle.

UIDA PERHOSTA, UIDA RINTAA

Tee kaksi kertaa perhosuinnin käsiliikkeet.

Tee kaksi kertaa rintauinnin käsiliikkeet.

SYVÄLLE SUKELTAA JA PULPAHTAA PINTAAN

Pidä nenästä kiinni ja mene kyykkyyn.

Hyppää sieltä ylös.

SYKSY

SYKSYLLÄ HARAVOIDA VOI LEHTIÄ

Tee reippaita haravointi-liikkeitä.

KIRJASTOON JUOSTA, SATUTUNNILLE EHTIÄ

Juokse paikallasi superkovaa ja huokaise
helpotuksesta, ehdit sittenkin.

KATSELLA VALOA KYNTTILÄN

Muodosta vartalon edessä kämmenistäsi
kynttilän liekki.

JOKA VALAISEE SYKSYISEN HÄMÄRÄN

Laske kämmenesi vaakatasossa pään
yläpuolelta kasvojen editse alas.

TALVI

TALVELLA TEHDÄÄN LUMITÖITÄ
Lapioi lunta ahkerasti.

VIETETÄÄN KYLMIÄ PAKKASÖITÄ
Kiedo kädet ympärillesi ja hytise kylmästä.

KATSELLAAN LOISTETTA TÄHTIEN
Tee sormillasi tähtien tuiketta ylös taivaalle.

NAUTITAAN HIIHTOLENKILLE LÄHTIEN
Hiihdä tasatyönnöin, laske mäkeä kyykyssä.
Toisella kerralla mäki on liian hurja. Kaadu
varovasti istumaan.

KEVÄT

KEVÄÄLLÄ TEHDÄÄN PYÖRÄRETKIÄ

Istu, nojaa käsiin ja polje pyörällä jalat ilmassa.

VIETETÄÄN AURINKOISIA HETKIÄ

Nojaa taakse, ota silmät kiinni aurinkoa.

RIISUA POIS VOI VILLASUKAT

Ota leikisti sukat pois jaloista.

POIMIA ENSIMMÄISET KUKAT

Kerää kukkia maasta.

Toisella kerralla nouse samalla seisomaan.

YSTÄVYYS KANTAA YMPÄRI VUODEN

Pyörähdä hitaasti ympäri kädet sivuilla.

ONNELLISUUTTA JA ILOA TUODEN

Muodosta sormillasi sydän.

JOSKUS SUUTUTAAN IHAN KAMALASTI

Laita kätesi puuskaan ja otsasi kurttuun.

JA RIIDELLÄÄN AIVAN RAIVOISASTI

Polje jalkaa kädet puuskassa.

MUTTA TYHJÄÄ ON OLLA YSTÄVÄÄ VAILLA

Levitä kätesi auki sivuille kämmenet ylöspäin.

RIITA VISKATAAN POIS KEILAPALLON LAILLA

Kääri riita palloksi ja keilaa se pois.

SAA HUUTO KUULUA PILVIIN ASTI

Seiso varpaillasi, nosta kätesi ylös.

"YSTÄVÄSTÄNI TYKKÄÄN MÄ VALTAVASTI"

Laita kädet megafoniksi suun eteen.

(Voit lukea nämä säkeet kahteen kertaan.

Toisella kerralla lapset osaavat huutaa mukana.

Saa huuto kuulua pilviin asti,

"Ystävästäni tykkään mä valtavasti!"

Lapsista on hauskaa, kun saa käyttää ääntä.)

VOI YSTÄVÄÄ TAVATA MYÖS AIVAN SALAA

Käy istumaan etusormi suun edessä, shhh.

YÖ AAMUUN KUN VAIHTUU

KUU AURINKOA HALAA

Kierrä kädet ympärillesi ja anna itsellesi oikein

iso halaus.

HIIRI JA JUUSTO

Hiiri katsoi juustoon,
aikoi haukata palasen suuhun.
Kunnes vilkaisi ylös taivaalle,
juuston keksikin käyttää muuhun.
Päätti juustosta rakentaa portaat,
jotka johtaisivat kuuhun.

Viikon ahkerasti rakensi,
vihdoin portaat ylsivät puuhun.
Hiiri hikeä pyyhki ja huokaisi,
mietti säästääkö voimansa muuhun.
Oksaltansa virkkoi lintu,
"Peninkulma on matkaa kuuhun.
Etkö pientä palaa juustosta
vaihtaisi iloon muuhun?"

Lintu laulun aloitti "Aa-kaa-kaa",

sen päätti "Kaa-kukku-ruuhun".

Hiiri laulua ei voinut vastustaa,

loi viimeisen katseensa kuuhun.

Kuu-ukko silmää iski,

hymyillen katsoi alas puuhun.

Näki kahden uuden ystävän

juustoa pistelevän suuhun.